RÉPUBLIQUE FRANÇAISE

LIBERTÉ — ÉGALITÉ · — FRATERNITÉ

DISCOURS

PRONONCÉ

PAR M. RODIER, LIEUTENANT-GOUVERNEUR

DE LA COCHINCHINE

A L'OUVERTURE DE LA SESSION DU CONSEIL COLONIAL

Le 30 Juin 1905

SAIGON

IMPRIMERIE COMMERCIALE MÉNARD ET REY

—

1905

DISCOURS

PRONONCÉ

Par M. RODIER, Lieutenant-Gouverneur de la Cochinchine,

A L'OUVERTURE

DE LA SESSION DU CONSEIL COLONIAL

LE 30 JUIN 1905

MESSIEURS,

Il est quelque chose de changé dans notre Colonie de Cochinchine. Ce pays était réputé pour la régularité de son climat, et, partant, pour celle de ses récoltes. Si les saisons étaient rudes, elles étaient du moins régulières ; les grands fléaux naturels y sévissaient rarement. Cette quiétude a été troublée. En 1904, deux typhons et une inondation (1) se sont abattus sur la Colonie, déterminant une crise agricole sans précédent. A part quelques rares parties qui ont peu souffert, la Cochinchine a été cruellement éprouvée ; certaines provinces ont connu tous les malheurs : les deux typhons et l'inondation.

Malgré toutes ces épreuves, nos cultivateurs annamites n'avaient pas perdu tout courage : après le retrait des eaux, ils firent un dernier effort et plantèrent du riz hâtif, dit « riz de trois mois ».

-----

(1) Typhons des 1er mai et 2 novembre, l'inondation de septembre-octobre-novembre.

La plupart de ces riz n'ont pu parvenir à maturité ; succédant aux pluies torrentielles et à une crue inusitée du Mékong, une sécheresse intense empêcha la formation des grains.

Pour venir en aide aux populations éprouvées, la Cochinchine, qui n'avait à compter que sur elle-même, a employé tous les moyens.

Vous avez voté, au cours de l'année dernière, deux crédits, l'un de 55.000 piastres et l'autre de 25.000, pour faire face aux besoins immédiats les plus urgents. Ces crédits ont été dépassés de 14.000 piastres ; l'Administration en fait l'aveu sans crainte d'encourir, de ce chef, aucun reproche de votre part.

Sous le couvert de l'Administration, des prêts non productifs d'intérêt, atteignant une valeur de 49.000 piastres, ont été consentis aux villages les plus malheureux des provinces de Gocong et de Giadinh par la province de Cantho, qui avait des fonds disponibles et n'avait pas encore été éprouvée elle-même.

Spontanément et volontairement, des indigènes isolés et des collectivités ont remis au Gouvernement, pour être distribués aux sinistrés, des dons en argent et en nature dont la valeur totale s'élève à environ 36.000 piastres.

Quant aux dégrèvements d'impôt, ils ont été relativement peu importants, les typhons et l'inondation étant survenus après la récolte de riz de 1904. Ils sont cependant appréciables.

Enfin des délais de paiement ont été accordés aux débiteurs de la Colonie, qui avaient acquis des terrains domaniaux antérieurement aux désastres.

En 1905, l'effort sera plus considérable encore. A eux seuls, les dégrèvements d'impôt foncier représenteront plusieurs certaines de mille piastres. Des secours en argent ont été accordés, que vous aurez à régulariser. Pour vous montrer, Messieurs, la nécessité et l'urgence de ces secours, il me suffira de vous lire cet extrait d'un rapport de l'Administrateur de Sadec :

« Grâce à la mesure que le Gouvernement local a bien voulu
« prendre, en accordant une somme de 20.000 piastres destinée

« à secourir les indigents, la nourriture est au moins assurée dans
« la plupart des familles. Tous les habitants, qui se présentent aux
« chantiers, sont acceptés, hommes, femmes et enfants, chacun
« étant payé suivant le travail qu'il peut fournir. »

Ailleurs, ce sont des crédits qui ont été ouverts pour permettre
de fournir gratuitement des semences aux petits cultivateurs.

A ces diverses mesures il serait désirable qu'on pût ajouter la
mise en train immédiate des travaux prévus, pour la Cochinchine,
par la loi d'emprunt de 200 millions, et non encore commencés.
Les études de la ligne de chemin de fer de Mytho à Cantho sont
terminées, les projets sont prêts ; l'exécution de cette entreprise
permettrait de répandre, dans la population qui souffre de la gêne,
des salaires sauveurs. Je ne doute pas que le Conseil colonial ne
saisisse cette occasion pour faire, auprès du Gouverneur général
et du Ministre des Colonies, les démarches pressantes que com-
mande la situation. Avec ce travail et une bonne récolte, la
Cochinchine oublierait vite les mauvais jours.

*
* *

La gêne à peu près générale, la misère sur quelques points, les
événements extérieurs, ont eu, comme il fallait s'y attendre, leur
répercussion sur la situation politique. Néanmoins, la tranquillité
s'est maintenue assez satisfaisante, grâce à la vigilance de nos
Administrateurs. A signaler un seul incident récent et d'une
certaine gravité, dans la province de Bienhoa.

Comme vous le savez, Messieurs, la population, dans chaque
village, se compose de deux éléments bien distincts : les notables
et les dâns.

Ces derniers ne pourront tenter de fomenter aucun désordre
ni nous susciter, en cas de complications, aucune difficulté sérieuse
tant que les notables resteront attachés à notre cause. A raison de
leur situation de fortune et de leur position sociale, les notables
désirent évidemment la paix, la tranquillité et la sécurité nécessaires à la réussite de leurs travaux de culture et de leurs opérations

commerciales, mais ils tenaient par dessus tout au maintien et au respect de leurs prérogatives séculaires. Une politique indigène, moins préoccupée d'assimilation, plus rapprochée du Protectorat que de l'administration directe, soutenant les classes dirigeantes et s'appuyant sur elles, leur aurait donné pleine satisfaction. Je viens de prononcer le mot de Protectorat. L'association, Messieurs, dont on parle beaucoup depuis quelque temps, n'est pas une idée nouvelle : le Protectorat, loyalement appliqué, sans arrière-pensée, sans tendance à l'administration directe, est une des formules heureuses de l'association.

Les premiers gouverneurs de la Cochinchine furent des amiraux. Ces marins éminents étaient aussi des hommes sages ; le désir d'introduire en pays d'Annam les règles toutes faites de la Métropole ne les tenta pas ; en gens pratiques, ils s'en rapportaient à la coutume du pays. Ils s'en rapportaient à la coutume, et c'est pour cela que l'administration des amiraux mérite d'être louée et qu'elle a laissé un souvenir si durable dans l'esprit des populations.

En 1903, Messieurs, vous avez poussé un cri d'alarme et, dans des vœux mémorables, vous avez demandé que des mesures fussent prises pour restaurer le prestige des fonctions communales et armer les conseils des notables d'une autorité effective. Un arrêté du 27 août 1904 vous a donné satisfaction dans la mesure du possible, en sauvant de la désorganisation ce qui subsistait encore de l'ancienne commune indigène.

Les communes annamites, avant l'intervention française, étaient des organismes jouissant d'une très grande autonomie. C'étaient moins des subdivisions administratives que des sortes d'Etats vassaux minuscules, soumis à certaines obligations déterminées vis-à-vis d'un pouvoir central, qui n'intervenait pas dans l'administration intérieure de l'association communale.

Les notables constituaient une oligarchie, dont l'autorité était incontestée et qui exécutait les ordres de l'autorité supérieure. Des habitudes séculaires de soumission et de respect attachaient les dâns à leurs notables. Ne plus s'appuyer sur les notables, c'était supprimer tout point d'appui.

L'arrêté du 27 août 1904 ne pouvait être qu'un palliatif. On ne pouvait sauvegarder que ce qui restait encore debout. Ce premier résultat est insuffisant, des avertissements récents et notre devoir envers ce pays doivent nous inspirer le désir de le compléter par d'autres mesures et d'associer plus étroitement à notre action politique, administrative et judiciaire, les classes lettrées indigènes.

Les vingt conseils de province de la colonie sont exclusivement composés de membres indigènes, le Conseil colonial compte six membres indigènes à côté de dix membres européens, j'espère que, prochainement, suivant la demande que j'en ai faite, deux membres indigènes siégeront au Conseil privé de la Cochinchine ; enfin nous avons conservé l'institution des chefs et sous-chefs de canton, en restreignant, il est vrai, beaucoup trop leurs attributions. Les Annamites participent ainsi, dans une certaine mesure, à la direction administrative de leur pays. On peut désirer que cette participation soit encore rendue plus large. Rien ne serait plus aisé. Par contre, ils ne sont pas associés à l'œuvre de la distribution de la justice.

Cependant s'il est une matière où la collaboration des indigènes serait utile, c'est bien celle-là. Pour bien juger, pour juger avec le moins de chances possibles d'erreur, il faut connaître et comprendre l'âme du peuple. Cette âme se dérobe ici derrière une langue, hérissée de difficultés, et que nos magistrats de France ne possèdent pas.

Bien plus, en se privant du concours de l'élément indigène, on obtient ce résultat que la Cochinchine souffre du manque de justice.

Sous le Gouvernement annamite, la Justice, il faut le reconnaître, était davantage à la portée du justiciable.

Il y avait d'abord la juridiction des notables. Ceux-ci étaient moins des juges que des arbitres, prononçant d'après l'équité. Au-dessus de leur juridiction se trouvait celle du chef de canton. Le « Tong » était le conciliateur naturel de toutes les affaires civiles qui n'avaient pu s'arranger devant les notables. Notre législation elle-même avait consacré ce pouvoir des chefs de canton en leur reconnaissant qualité pour régler, dans l'étendue de leur ressort, les affaires qui leur étaient soumises soit de vive voix, soit par écrit (1). Ces dispositions sont tombées en désuétude.

Enfin, comme troisième degré de juridiction, il y avait les mandarins hiérarchiquement placés au-dessus des autorités cantonales et communales.

Ainsi le justiciable avait à sa portée une justice expéditive ; l'instruction des affaires se faisait alors sur-le-champ, sur place même, et naturellement sans le secours d'interprètes.

Aujourd'hui, malgré les garanties absolues d'intégrité de la magistrature française et sa haute conscience du devoir, le justiciable indigène est moins favorisé.

L'organisation actuelle, Messieurs, vous la connaissez. En principe, au chef-lieu de chaque province, devrait se trouver un tribunal ou une justice de paix à compétence étendue. Je dis : « devrait », car certaines provinces ne sont pas encore dotées. Ainsi le tribunal de Mytho comprend, dans son ressort, outre la province de Mytho, les provinces de Gocong et de Tanan, en tout 500.000 justiciables répandus sur 6.700 kilomètres carrés et avec des moyens de communication imparfaits, imparfaits surtout à raison de leur lenteur. Le ressort du tribunal de Vinhlong comprend deux provinces, Sadec et Vinhlong, avec 340.000 justiciables. Dans d'autres provinces, le juge de paix à compétence étendue est tout, il est à la fois tribunal, juge d'instruction, procureur de la République, et son ressort, comme à Rachgia par exemple, peut comprendre plus de 100.000 justiciables, dont il ignore la langue, répandus sur une surface de 6.000 kilomètres carrés. Ajoutons que ce magist.... est ......néralement un débutant, les emplois de juge de paix étant des ..stes de début. On ne peut lui demander de connaître les mœurs du pays. Dans ces conditions, les habitants renoncent à faire trancher leurs différends ; quant aux crimes et aux délits, ils ne sont généralement connus de la justice et punis que s'ils ont eu un certain retentissement, ayant attiré sur eux l'attention. Un indigène lettré disait

____

(1) Arrêtés du 31 décembre 1875, du 10 novembre 1877.

récemment à l'un de nos Administrateurs, à l'un de ceux qui ont la
confiance des Annamites : « Certes l'impôt est lourd, cependant
« nous le payons sans nous plaindre ; nous nous plaignons seule-
« ment que, pour ce prix, il n'y ait pas plus de sécurité et plus de
« justice ». On comprend alors le mot de M. le Procureur général
Dubreuil, chef du Service judiciaire en Indo-Chine, dans son dis-
cours d'installation du 16 novembre 1904 : « *La justice est à peine*
« *installée dans ce vaste ressort. L'œuvre qui reste à accomplir est*
« *immense* ».

Devant ces constatations et ces déclarations, ne pensez-vous pas,
Messieurs que l'heure est particulièrement propice pour remédier
à un état de choses aussi fâcheux, en restituant, sous certaines
conditions, aux autorités communales, mais surtout cantonales,
leurs prérogatives judiciaires.

Il y a deux ans, Messieurs, vous avez émis des vœux, qui ont
été entendus, pour le sauvetage de l'institution de la commune
annamite ; vous apprécierez s'il ne convient pas, aujourd'hui, que
vous émettiez des vœux analogues pour le rétablissement de juri-
dictions indigènes pour juger les causes et les délits au-dessous
d'une certaine importance ou d'une certaine gravité. Ces causes et
ces délits seraient les plus nombreux.

Des paroles, qui viennent de haut, proclament, avec infiniment
de sagesse et de clairvoyance, la nécessité impérieuse d'une politique de bonté, de rapprochement des intérêts français et indigènes, d'association, pour employer un terme déjà consacré. La
solution du problème judiciaire se trouve dans cette politique.
Faire une part, une très large part, à l'élément indigène dans la
composition de notre personnel judiciaire, me paraît être, en
effet, le seul moyen, vraiment pratique, de donner satisfaction au
besoin de justice du peuple Annamite.

Cette application opportune des idées d'association serait non
seulement un acte de sage administration, mais aussi un acte de
bonne politique indigène. Et une bonne politique indigène, c'est
encore la meilleure des précautions, la plus sûre et la moins
coûteuse, pour la protection de l'Indo-Chine.

Ce regard vers le passé n'exclut pas l'étude des questions nouvelles, qui prennent naissance avec le progrès des mœurs. Au cours de la dernière mission d'inspection, envoyée par le Ministre des Colonies et dont le contrôle en Cochinchine a été si pénétrant, le problème du travail s'est trouvé posé.

La corvée ayant été supprimée en 1881 par une décision présidentielle, il restait à l'Administration deux grandes sources de main-d'œuvre : les réquisitions et les prestations.

Une décision locale fixa à cinq le nombre des journées de prestations à fournir par chaque inscrit. La réduction était brusque, si l'on considère que le régime antérieur mettait quarante-huit journées, au lieu de cinq, à la disposition des chefs d'arrondissement pour l'exécution des travaux d'intérêt général. D'où la tendance actuelle, constatée en maints endroits, à exagérer la tâche journalière imposée aux prestataires.

Pour les réquisitions, la coutume accorde à l'autorité administrative et judiciaire un droit excessivement étendu, presque illimité, tout à fait différent de celui qui est consacré par notre législation métropolitaine, qui n'admet le droit de réquisition que dans les cas où un intérêt social déterminé est en jeu et lorsque l'urgence est absolue.

L'on peut reprocher à la formule locale d'être trop large. D'autre part, dans ce pays neuf, en pleine évolution, on ne saurait admettre que des services publics soient empêchés de fonctionner ou des travaux publics non exécutés, par suite de résistance de populations mal conseillées ou de coalitions d'intérêts. Une législation d'exception s'imposera donc, semble-t-il, pendant longtemps encore.

Mais, à notre époque, une législation d'exception, en cette matière, ne peut être maintenue que si des garanties spéciales sont données aux populations. Il faut que la réquisition soit exercée avec justice et dans les cas seulement où elle est indispensable, qu'on soit assuré que les travailleurs sont traités avec humanité et reçoivent un salaire rémunérateur, que la tâche n'excède pas leurs forces, etc...

J'ai pensé qu'on pourrait trouver ces garanties dans la création d'un service d'Inspection du travail. Une large part serait faite, dans ce service, aux gens pratiques du pays, à l'élément indigène. Tel est le projet que j'ai préconisé. Je serais heureux si le Conseil colonial consentait à l'appuyer de sa haute autorité.

*
* *

Me voici parvenu, Messieurs, à un point délicat de ma tâche. J'ai à parler des impôts.

L'année 1905 est franchement mauvaise pour la Cochinchine. Peu ou point de récolte. Les demandes de dégrèvements affluent, les contribuables, sous le coup de la crise agricole que traverse le pays, se plaignent que leurs charges soient lourdes.

Quelle est la valeur de ces doléances ?

Les habitants de la Cochinchine paient, par tête et par an, une somme d'environ 8 piastres 50 cents d'impôts divers, directs ou indirects, soit de 17 à 21 francs, suivant la valeur du taux de la piastre. Cette charge est-elle excessive ? Je ne le pense pas. Notre cultivateur travaille sans peine, récolte sans fatigue, vend ses produits comme il veut et quand il veut. Dans quel pays trouverait-on des gens aussi privilégiés ? On ne peut tirer argument de la crise agricole actuelle, l'année 1905 étant sans précédent depuis l'arrivée des Français dans ce pays.

Néanmoins il ne faudrait pas conclure que je serais favorable à une nouvelle augmentation de l'impôt; bien loin de là, j'estime que, dès que nous pourrons décharger le contribuable, il faudra s'empresser de le faire; car, s'il ne surcharge pas l'habitant, l'impôt n'est pas loin d'avoir atteint la limite à laquelle on peut l'élever sans faire souffrir la population.

Certaines taxes indirectes, il faut savoir le reconnaître, sont impopulaires, mais cela tient beaucoup plus au mode de perception qu'à la quotité des tarifs. Dans la période d'organisation et de tâtonnement, les produits les plus divers ont été frappés, et sous une des formes les moins heureuses, celle du droit de circulation, qui permet à tout agent du fisc d'arrêter, à tout instant, l'indigène, pour vérifier sa pacotille. Ce mode de perception présente l'inconvénient politique grave de mettre continuellement la population annamite de l'intérieur, ignorante des règlements et craintive, en rapports avec des agents subalternes européens, souvent rudes et peu éclairés, en dehors de tout contrôle des chefs territoriaux.

C'est ainsi que, depuis quelques années, des ressources nouvelles ont été demandées au tabac, à la noix d'arec, aux bois flottés, etc., etc...

En même temps que l'application des taxes nouvelles se traduisait par un renchérissement sensible du prix de ces marchandises, dont quelques-unes sont, pour l'indigène, ses moyens d'échange sur les marchés de l'intérieur, surgissait toute une réglementation, calquée sur celle de la Métropole, exagérant les formalités de toutes sortes et mettant même parfois l'Annamite dans l'impossibilité de les remplir.

Depuis lors, la partie vraiment intéressante de la population, les cultivateurs, les petits commerçants, dans l'ignorance de la langue française et de nos règlements multiples, ne se livrent plus qu'avec une crainte, trop souvent justifiée, aux transactions courantes, voire même au simple transport des produits récoltés, que naguère ils pratiquaient en toute liberté.

Malgré ces entraves, la population annamite, si laborieuse et si intéressante, se rend compte tous les jours davantage, en voyant ce que la France a fait et continue de faire dans ce pays, que les impôts sont nécessaires et elle est toute disposée à coopérer à l'œuvre que nous accomplissons.

La vérité encore est que les impôts actuels, dans leur ensemble, ne sont pas au-dessus des facultés imposables de la population.

Mais ce que le contribuable peut légitimement désirer, c'est que la perception de ces impôts s'effectue sans vexations, c'est pouvoir se livrer, en toute sécurité, à ses opérations d'échange, sans que, pour une formalité qui n'aura pas été remplie, parce qu'elle était ignorée ou difficilement praticable, un agent du fisc ne vienne saisir marchandises et embarcation.

Je crois qu'il serait facile de donner satisfaction à ces désirs légitimes en supprimant quelques taxes de peu de rapport, trop souvent prétexte à tracasseries.

Si l'on considère que l'impôt sur les bois flottés, par exemple, ne fait entrer, dans les caisses du Trésor, qu'une vingtaine de mille piastres par an, pour toute la Cochinchine, on reconnaîtra que le résultat est loin de correspondre aux ennuis causés à la population et à l'effort demandé au service des Douanes et Régies. On pourrait en dire tout autant des impôts sur la noix d'arec et sur le tabac, quoique le produit en soit plus élevé.

Les impôts indirects, limités aux taxes sur l'opium, sur les alcools indigènes et sur les sels, seraient, je crois, supportés volontiers par les indigènes. Les deux premiers produits sont déjà monopolisés et étroitement réglementés ; ceux qui en font le commerce, débitants de gros et de détail, savent quelles sont les formalités inhérentes à leur profession et s'engagent à s'y soumettre en parfaite connaissance de cause.

Il en serait évidemment de même pour les sels, si, dans les régions excentriques, les dépôts de ravitaillement étaient judicieusement installés et si les formalités à la vente, d'innovation récente et sans utilité appréciable, étaient supprimées.

En faisant porter tout l'effort sur ces trois grandes régies, je suis persuadé que l'on obtiendrait des plus-values qui compenseraient ce que l'on perdrait par la suppression de certaines taxes accessoires.

Ces conclusions ne sont pas de nature à surprendre le Conseil colonial. Elles ne font que corroborer, en effet, des vœux plusieurs fois formulés dans cette enceinte. Ces mêmes vœux, on les retrouve dans les procès-verbaux des conseils de provinces, dans des pétitions d'habitants et dans les rapports des Administrateurs, chefs de province. En portant la question devant Monsieur le Gouverneur général, si soucieux du bien-être des populations indigènes, je ne manquerai pas d'appeler son attention sur cette unanimité.

*
* *

Comme tous les ans, Messieurs, vous aurez à examiner, au cours de cette session, un certain nombre de demandes de concessions gratuites de terrains domaniaux. Vous ne l'ignorez pas, la libéralité, avec laquelle le Conseil colonial accorde les grandes concessions, est vivement critiquée au dehors. Certes ces critiques sont exagérées. On se figure, trop aisément, que l'attribution d'une concession équivaut au don d'une fortune. D'ailleurs le Conseil colonial n'accorde pas de concessions ; il n'accorde que des " promesses de concessions ". Au bout de cinq années, l'Administration intervient et solutionne. Si le terrain a été mis en culture, la concession définitive en est accordée ; dans le cas contraire, le terrain fait retour au domaine. Aucun gaspillage de terre n'est donc à redouter. Pendant la période d'attente de cinq ans, les concessionnaires ne peuvent ni vendre, ni céder, ni hypothéquer les terrains qui leur ont été attribués à titre précaire. Ils n'ont qu'un droit, celui d'y dépenser beaucoup d'argent.

Compte-t-on beaucoup de grandes concessions ayant répondu aux espérances qu'on fondait sur elles ? Hélas ! Non, Messieurs. Pour ma part, je n'en connais pas une seule. Dans ces conditions, et pour protéger les colons contre leur propre entraînement, ne pensez-vous pas qu'il serait désirable qu'une plus grande réserve présidât à l'attribution des concessions, du moins en ce qui concerne leur étendue ? La mise en valeur de la partie inculte du pays ne serait pas retardée, car cette mise en valeur dépend uniquement de l'accroissement de la main-d'œuvre annamite ; et ainsi seraient désarmées certaines critiques, faciles à réfuter, je le sais, mais néanmoins impressionnantes pour l'opinion qui, simpliste, se laisse prendre aux apparences. Je livre ces considérations à vos réflexions. Vous apprécierez, Messieurs, dans quelle mesure elles devront influer sur vos décisions.

****

Quant au projet de budget de 1906, qui devait être discuté dans cette session, il vous sera soumis plus tard, conformément aux instructions suivantes que m'adressa, par télégramme, le 17 juin, M. le Gouverneur général :

« La session du Conseil supérieur, qui devait avoir lieu en Août, « sera reportée à une époque ultérieure, en raison de mon absence. « Je serais d'avis que vous remettiez également à une session « supplémentaire du Conseil colonial la discussion du budget local « et que la session, qui doit s'ouvrir le 30 Juin, soit uniquement « consacrée à l'examen des affaires diverses ».

Je ne parlerai donc pas aujourd'hui de finances. Cependant je ne puis laisser passer cette date du 30 juin, qui est celle de la clôture de l'exercice 1904, sans dire quelques mots de notre situation financière, — et c'est par là que je termine.

Les comptes du dernier exercice ne sont pas encore définitivement arrêtés, mais l'on peut, d'ores et déjà, escompter un excédent des recettes sur les dépenses de 230.000 piastres environ. A la suite des typhons et de l'inondation de 1904 les secours sur budget (94.000 $), les dégrèvements pour perte de récoltes (46.000 $), les créances de la Colonie dont le recouvrement a été remis à l'année suivante (40.000 $), ont réduit de 180.000 piastres le montant de l'excédent qui, sans cela, eût atteint (410.000 $), au lieu de 230.000. Quoi qu'il en soit, en ajoutant à cette somme de 230.000 $ le crédit de 140.000 $, qui est inscrit au budget de 1905 pour la liquidation de l'arriéré, on obtient un total de 370.000 $, sensiblement égal à la dette de la Colonie (1). Cette dette, qui était, il y a 2 ans, de 1.238.000 $, peut donc, aujourd'hui, être considérée comme éteinte.

---

(1) 1º Restant à régulariser sur le contingent que payait la $
       Colonie à la Métropole (1898).................... 92.687 17
   2º Exposition de Hanoi............................. 250.825 99
   3º Déficit Naturel.................................   25.291 15
   4º Déficit Lamache 9.500 04
                                                      378.304 35

Par contre je crains que l'exercice 1905 ne nous réserve des mécomptes. L'impôt rentre, en effet, avec difficulté, malgré les dégrèvements accordés.

*
* *

Messieurs, j'ai terminé.
Votre session est ouverte. Travaillons.

VIVE LA FRANCE,
VIVE L'INDO-CHINE,
VIVE LA COCHINCHINE.

Saigon, Imp. Commerciale